U0500471

民国ABC丛书

演说学
ABC

余楠秋 著

知识产权出版社

全国百佳图书出版单位

图书在版编目（CIP）数据

演说学ABC / 余楠秋著. — 北京：知识产权出版社，2017.1

（民国ABC丛书 / 徐蔚南等主编）

ISBN 978-7-5130-4657-2

Ⅰ.①演… Ⅱ.①余… Ⅲ.①演讲—基本知识 Ⅳ.①H019

中国版本图书馆CIP数据核字（2017）第020562号

责任编辑：文　茜　　　　　　　　　责任校对：谷　洋

封面设计：sun工作室　　　　　　　　责任出版：刘译文

演说学ABC

余楠秋　著

出版发行：知识产权出版社有限责任公司	网　　址：http://www.ipph.cn	
社　　址：北京市海淀区西外太平庄55号	邮　　编：100081	
责编电话：010-82000860 转 8342	责编邮箱：wenqian@cnipr.com	
发行电话：010-82000860 转 8101/8102	发行传真：010-82000893/ 82005070	
印　　刷：北京科信印刷有限公司	经　　销：各大网上书店、新华书店 及相关专业书店	
开　　本：880mm×1230mm　1/32	印　　张：3.75	
版　　次：2017 年 1 月第 1 版	印　　次：2017 年 1 月第 1 次印刷	
字　　数：45 千字	定　　价：20.00 元	
ISBN 978-7-5130-4657-2		

再版前言

民国时期是我国近现代史上非常独特的一个历史阶段，这段时期的一个重要特点是：一方面，旧的各种事物在逐渐崩塌，而新的各种事物正在悄然生长；另一方面，旧的各种事物还有其顽固的生命力，而新的各种事物在不断适应中国的土壤中艰难生长。简单地说，新旧杂陈，中西冲撞，名家云集，新秀辈出，这是当时的中国社会在思想、文化和学术等各方面的一个最为显著的特点。为了向今天的人们展示一个更为真实的民国，为了将民国文化的精髓更全面地保存下来，本社此次选择了世界书局于1928~1933年间出版发行的ABC丛书进行整理再版，以飨读者。

　　世界书局的这套 ABC 丛书由徐蔚南主编，当时所宣扬的丛书宗旨主要是两个方面：第一，"要把各种学术通俗起来，普遍起来，使人人都有获得各种学术的机会，使人人都能找到各种学术的门径"；第二，"要使中学生、大学生得到一部有系统的优良的教科书或参考书"。因此，ABC 丛书在当时选择了文学、中国文学、西洋文学、童话神话、艺术、哲学、心理学、政治学、法律学、社会学、经济学、工商、教育、历史、地理、数学、科学、工程、路政、市政、演说、卫生、体育、军事等 24 个门类的基础入门书籍，每个作者都是当时各个领域的知名学者，如茅盾、丰子恺、吴静山、谢六逸、张若谷等，每种图书均用短小精悍的篇幅，以深入浅出的语言，向当时中国的普通民众介绍和宣传各个学科的知识要义。这套丛书不仅对当时的普通读者具有积极的启蒙意义，其中的许多知识性内容和基本观点，即使现在也没有过时，仍具有重要的参考价值，因此也非常适合今天的大众读者阅读和参考。

本社此次对这套丛书的整理再版，将原来繁体竖排转化为简体横排形式，基本保持了原书语言文字的民国风貌，仅对部分标点、格式进行规范和调整，对原书存在的语言文字或知识性错误，以及一些观点变化等，以"编者注"的形式加以标注，以便于今天的读者阅读。希望各位读者在阅读本丛书之后，一方面能够对民国时期的思想文化有一个更加系统、深刻的了解，另一方面也能够为自己的书橱增添一份用于了解各个学科知识要义的不可或缺的日常读物。

知识产权出版社

2016 年 11 月

ABC丛书发刊旨趣

徐蔚南

西文ABC一语的解释，就是各种学术的阶梯和纲领。西洋一种学术都有一种ABC，例如相对论便有英国当代大哲学家罗素出来编辑一本《相对论ABC》，进化论便有《进化论ABC》，心理学便有《心理学ABC》。我们现在发刊这部ABC丛书有两种目的：

第一，正如西洋ABC书籍一样，就是我们要把各种学术通俗起来，普遍起来，使人人都有获得各种学术的机会，使人人都能找到各种学术的门径。我们要把各种学术从智识阶级的掌握中解放出来，散遍给全体民众。

ABC 丛书是通俗的大学教育，是新智识的泉源。

第二，我们要使中学生、大学生得到一部有系统的优良的教科书或参考书。我们知道近年来青年们对于一切学术都想去下一番工夫，可是没有适宜的书籍来启发他们的兴趣，以致他们求智的勇气都消失了。这部 ABC 丛书，每册都写得非常浅显而且有味，青年们看时，绝不会感到一点疲倦，所以不特可以启发他们的智识欲，并且可以使他们于极经济的时间内收到很大的效果。ABC 丛书是讲堂里实用的教本，是学生必办的参考书。

我们为要达到上述的两重目的，特约海内当代闻名的科学家、文学家、艺术家以及力学的专门研究者来编这部丛书。

现在这部 ABC 丛书一本一本的出版了，我们就把发刊这部丛书的旨趣写出来，海内明达之士幸进而教之！

一九二八，六，二九

序　言

在民国十三年春季，我曾著了一本《英语演说学》（Public Speaking, by C.C. Yu），我那本书，各学校采用作教科书的很多；那本书的内容，对于演说上是注重声调与姿态两项，虽然思想与结构也略为讨论。这本《演说学 ABC》，大部份的材料，是根据我那本英书而来的；不过在这本书内，我特意的把国人对于用国语演说及如何适合吾国今日之需要的地方，详加讨论，以便引起初学演说者之兴趣。

无论那一部演说学，书中或书末，普通总是附有古今中外演说家的演辞，以便学者用作练习；但这本书，因为篇幅所限，将此删去。读者如果有心研究，这种演辞，可以在图书馆内找得到的。

我所用的参考书，很多，但是都是英文的；今试把几本比较上重要点的分列如下：

Publc Speaking, by James A. Winans（Century Co.）

Oral English, by Antoinette Knowles（D.C.Heath and Co.）

Efective Fublic Speaking, by Frederick B. Robinson（Lasalle Extension University, Chicago）

How to Speak in Public, by Grenville Kleiser（Funk and Wagnalls Co.）

Great Speeches and How to Make

序 言 ‖

Them, by Grenoille Kleiser (Funh and Wagnalls Co.)

The Fundamentals of Speech, by Charles H. Woolbert (Supply Store, Champaign)

Effective Speaking, by Arthur E. Phillips (Newton Co.)

余楠秋　十七，六，十

目　录

目 录 ‖

目 录 ||

01

Chapter

第一章

演说之定义

第一章　演说之定义

演说在今日总算是成了一件很普遍的事情：时常在这里开甚么大会，有人站在台上高谈阔论；那里举行甚么庆祝，也有人立在凳上指手画脚。但是我们在所听所见的当中，究竟有几个人可以使我们得到一个极深刻的印象呢？我想恐怕是居极少数；这是甚么原故呢？这个不外乎缺少研究，把它看得太随便了！所以我们不谈演说则已，若是谈起来，必定要把它看作一桩很严重而又很有研究价值的东西，必定要用科学的眼光来看待它，则站在台上的人，自然的可以得到听众的同情和注意；而他所讲的，也就不会使人家觉得是"顺风过耳"，脑子里毫无印象的了。

演说之重要

在古代没有发明文字的时候，人民所靠以传达意思的工具，就完全在一张嘴；然而在今日我们有文字可以表现意思的时候，我们一大部份[1]的思想，仍是在谈话中显出，则所靠的仍然是嘴。我们试看：律师对于陪审官，如何的用话来激动他们；卖货人想推销他的货物，如何的用话引起买客的信心，来买他的货；政治家如何想方设计，来说服人家照他的计划做去。凡此种种，都足以表示这张嘴的重要；而这张嘴之所以能得它的各种各样的结果者，也无非是在运用它的声调，选择它的辞句，借用手足姿态的帮助，方能得以成功。但所谓声调、修辞、姿态等诸名目，总结起来，实在就是演说学。

---

[1] 本书中的"部份"，今作"部分"，为尊重原书原貌，故不作改动。——编者注

演说是一种技术

在我们听人家演讲的时候，有时两个人所用的材料，同是一样；而一个讲来，娓娓动听，另一个讲来，极难入耳，这是甚么道理呢？这个分别，就是上面所讲的声调、姿势、动作、修辞种种，似乎于讲时都很合宜，能够引人入胜。但是我们又不能确实的指出那一样对于这一篇演说有特殊的贡献，只觉得样样都要紧，都能帮助我们得到一个好印象。因为我们不能指定那一样特别的不同，而又觉得样样都能使我们起一种美感，这个就是演讲的技术。所谓技术者，我们觉得有些原则可以应用，随心境而运用之；正如学音乐或图画一样，全在乎自己心灵会变化，然后能悦耳怡情。并不是像学算学，一个加一个，就成一双的呆板文章，既不足以令人寻味，又不能使人起情感作用也。学习演说之人，必先明了这种所谓技术的道理，然后进益自多。

演说须有训练

人在年轻的时候，知识与经验，都是很幼稚的；及至长大，他的脑海里也就渐渐的起一种变化。因为与外界接触得多，他的判断力自然而然的增强，对外的能力，就会变成有组织、有秩序的格式；这完全是训练的结果呀。演说一门，也须同此一样的经过缓徐的变化而达到有效果的地位。一个素来不会演说的人，如果得有良师指导，受着很好的训练，可以变成一个大演说家。在 19 世纪初叶，美国有一个极著名的演说家，叫做威伯司脱（Webster）。当他在中学堂读书第一次上台的时候，他的面孔涨红，手足颤动，差不多话都讲不出来；但是他受着激刺，就好好的时常训练；直到中学毕业的时候，他的演说竟为全校之冠。后来因为他会演说，居然成为美

第一章 演说之定义 ‖

国历史上一个很有名的人物。由此我们知道训练确实可以改变我们的口才，增进我们的思想。当然有些人生来就有天才会演说；但是这种人若得着良好的训练，他们感动人的力量必然更大。若是没有口才的人，经过训练之后，至少也不至于当众出丑了。

演说原则之运用

如上所述，演说既是一种技术而又须经过训练，方能达到有效果的地位，则我们所能应用的，都是一些原则。这些原则，我们用时决不能把它当做算学公式的一样看待，必须要在演说时能随机应变而合于听众的心理才是。例如我们要听众注意一特点时，照演说学的原则，宜用食指单独伸出；但是我们决不会屡次讲一特点，屡次去用食指伸出以示意。又如我们改变意思的时候，照演说学的原则，应当更换所立的地位；但是我们也决不会屡次换一个意思，屡次的由讲台东边走到西边，再由西边走到东边，仿佛与机械一般的动来动去，给人家做把戏看呢。总而言之，人是灵的；既有了这些演说的原则，我们就要晓得把它运用起来，随机应变，看是甚么听众，就要采取一种合宜的姿势，用一种入耳的声调，和一种容易懂得的辞句；必如是方能得到效果，方能算得了演说之真理。否则人家就会对于你当作机器看。

演说与兴趣

仅仅知道一些演说的原则及如何应用的方法，是不够的；演说家必须要对于他自己所研究的发生一种特殊的兴趣，方能使得人家感动，得到他们的同情。主观、客观，两方面都是要紧。盖兴趣可以引起人的全副精神，导人于不知不觉之间，入我彀中，听我催眠的魔力；而于我自己，则可以尽量发挥，常时找出新鲜的意思，增进本身的能力。兴趣是不能过于勉强的；有些人对于这样无兴趣，而对于那样则有一种不可思议的意味；但是有时我们也可以设法引起人家的兴趣，由此及彼，得来的结果，也是很有价值的。不过原来有兴趣的，则所收的效力更大；他可以变成为一个大演说家，他的一张嘴，就如生龙活虎，把听众擒纵自如，随其所欲而后已。

演说之定义

我们晓得，演说的工具是声调、姿态与辞句；但是它的目的，是要把思想由演说者的口中输入听众的脑海里，使他们不期然而然的悦服和感动，即时表现他们的同情。我们由演说的技术上得到一定的帮助，能把这种帮助，尽量应用，则其结果的力量自必很大。这个可以说是演说的定义。

演说学在今日中国之地位

演说学在中国历史上，总算是还有点成绩；不过国人没有把它深加研究，尽量的发挥，与文学一样的看待，所以时至今日，尚不得传。在昔春秋时代，子产的雄才善辩，实足与美国之威伯司脱相抗衡；战国时代苏秦、张仪的合纵连横，尽可与希腊之德谟西立司（Demosthenes）并驾齐驱。但是中国人的性情，喜静不喜动，虽然有的是天才，若不加提倡，当然不能达到精善的地位，所以我国的演说学，即令历史上有这样好的成绩，若与泰西各国比较起来，实在是相差得远。直到近来"新文化运动"出现之后，才有些人对于这个上面发生兴趣，把它提倡起来，研究起来，社会上也渐渐觉得它的重要的地位了。"五四运动"的成功，一大部份归功于口头宣传的力量；新剧表演，也是演说学的变相。

国人感觉到它的能力和效果，如是乃发扬而光大之；今日各学校中，因有"演说学"一门之添设，而学者亦以科学的眼光来看待它。它的地位，遂得慢慢儿的稳固起来；这个我们可以称之为"社会的自觉"，文化上进步的一要点。

提倡演说之原动力

我们觉得：演说学在今日中国虽在提倡，然而能够认定它有力量，占到一个永久重要的地位的人，却仍是很少；因此我们不得不明了它的原动力。照美国康乃耳大学演说学教授惠南司（Winans）之言：它的原动力有两种，一是使人能多得成功的机会；一则使人对于社会上，增进他的责任心和服务的能力。两者相较，后者为尤要。在教育发达的今世纪，教育界上的人，对于演说学应当格外提倡，使它在青年的脑海中，作为一种服务社会的工具，不得存一个用它来出风头，讲爱情的心思。今日中国之军、政、学、工、商各界，需人服务的地方正多；我们必定要抱这个宗旨，来提倡演说学，方不至使一班青年学者误入歧途。

Chapter
第二章

02

演说评判之标准

第二章　演说评判之标准 ‖

演说学在人生上既有许多的用处，而在今日之中国，又占着一个很重要的地位，我们就应当明了它在甚么地方确实给我们以帮助；并应当知道怎么样就是好演说，怎么样就会惹起人家的反感。本章所述，是演说学之范围，及其评判之标准，正是来解决这几点。

演说之范围

声音之用途殊广，不论是演戏、唱歌、谈话、读文章，以及种种需用它的地方，都能够见到它的妙处。因为它能运用自如，代人们表示意思和情感，于是它就渐渐越练越精，简直可以说是代表人类进化了。就在这个地方，我们得到演说的范围：就是凡是要由口中表现出来的，无在不有声调、修辞、思想等诸要素在内；而这种种，也就是演说学内应有的原素。所以演说学要是讲得很精时，到了戏剧一类的研究；讲到最普通时，就是平日吾人谈话，也包含着些演说的道理。在这两极端的中间，我们可以找着许多地方，遵照演说学的原则做去。单就"劝导"与"辩论"讲，我们应当如何留心我们的声调、修辞、态度与思想；必定样样都能合宜，才能得到他人的信心及情感。否则信口开河，毫无标准，是绝对得不了甚么结果。照这样看来，我们凡是要用口传述，表现我们的思想，希冀他人的同情的地方，都可以说是包在演说范围之内。

发 音

在演说之中，第一最要紧的，当然是声音。

第二章　演说评判之标准 ‖

声音之变化无穷：坚锐急进之音，可以使人奋发；和柔清脆之音，可以使人愉快；低缓忧郁之音，可以使人悲哀；粗沙躁进之音，可以使人发怒；像这种富于变化的声音，发出来得到相当的反应，一刻也数不尽的。然而我们正是要因为它能变化，把它训练起来，使它的高、低、快、慢，恰恰能够合到我们的表情和意思，才能有吸引听众的力量。有些人天赋一副好喉咙，一经训练之后，他的能力增强，表情恰当。我们试看舞台上的戏子或是茶馆里的歌女，他们和她们都是经过了长期的训练，然后才敢出来问世；他们自己知道如何润泽他们的声音，高下疾徐，无不合度。等到登台一曲，听众自然的会倾倒了。外国演说家在练习的时候，常常跑到海滩之上，朝着海尽量的喊叫；你想，他们不是痴子吗？海边的浪声是如何的大呢；好容易能够得到声音的回响呢；要是喊者真能听得回音，他的声音就

17

真是要变到如洪钟的地位了。在美国大学里面，我们时常听得一个人在他的房间里讲话，好像有多少人在里面一样；及至打开房门一看，仍然是一个人在内。你要是问他时，就知道他是练习他的声音，预备上台。如此看来，声音之训练诚是要紧；但是训练起来，也须照着一定的方法去做，并且要有恒心，要有迫力，要能用我们的脑筋来变化它，使吾人的情绪都能由声音中显出，一毫不爽，那就臻入化境了。

姿　态

演说的第二个要点，就是姿态。有些演说家把姿态放在声音之上，照他们的意思，人类是先有动作，然后有声音，小孩子最先注意的是动作，然后才慢慢的留心到声音上去。这个我们暂时不必去管它，不过我们由此可以知道姿态为演说学中之一重要份子；它可以引动人家的心思，听众对于它是有好感的。寻常我们说这姿势两个字，实在包含有许多意思。站在台上的姿势，前后左右的移动，两手两臂的用途，以及面部的表情，都在其内；它们都有它们的用法，有一定的原则来指引我们，如何而后可以帮助我们使听众得到更深的印象。

结　构

结构是对于演说稿整篇的设想；用怎样的体裁，如何的造句修辞，如何的委婉动听，这都可包括在结构之内。一篇稿子，把它讲出来时，应当使人觉得一个字增减不得，才算是有价值。演说的稿子与做文章的稿子，两下是根本不相同的，虽然都是一样的用字、句、成语、譬喻、引证、说明，等等之类。演说时可以就原来的意思，用不同的辞句，重复的说两三遍，人家不会觉得讨厌；做文章若是犯了这个毛病，人家就会不读了。演说是用语言来激动听众的情感；文章是用文字来挑起读者的心思。演说是专对于耳的，文章是专对于眼的。两下的分别，当然是显而易见。根据这个异点，我们就应当知道如何的将全篇演说稿的意思，把它排布分析起来，引用事实，插入有趣味、醒眉目的辞句，结果必得要煽动耳根，使人起一种同情于我的观念。会演说的人，时常由结构中得到很好的训练，渐渐的可以造成派别；一逢上台，诚足使人叫绝。

思　想

在演说家预备他的稿子的时候，他一定要收集材料，采取事例，分析他的思想，标明他的意志。他应当先期考虑听众的性情，用甚么来对付他们，才能惹起他们特殊的兴趣、格外的注意；在研究这个有了把握之后，然后可把自己的经验和学识采用起来。图书馆有的是书、报纸和杂志，不妨利用它们。材料有了之后，要把它组织起来，弄得有条有理，使人一听就能了然于心中，这个似乎与结构又可以合在一起讨论。普通在我们进行思想、搜集材料的时候，我们当然的会注意到它们分段安插的地位。一篇演说稿，平常可以分做三段：前段就是引言，须要把所要说的本旨显露出来，立论较泛。但是必要非常引起人家的兴味；不过也不能过长，因为发挥意思，并不是在这一段，这一段的目的，就在使人注意，愿意听下去是了。中段是躯干；凡所要发挥的意思，引用事实，推举例证，以及叙事讨论、辩明、批评、解释……种种，均在这一段里面尽量的说出。讲这段的时候，应当一步紧一步，使听者的心思，如雨后春笋，突然暴发，如江上潮头，一层一层的急进，简直把全副精神都贯注在这里面；但同时也要用逻辑的眼光，来整理这些材料，说得合乎情理才是。换而言之，说话要说得诚实自然，不要过于逞情，显出似乎有点欺诈的意思，然后印象放在听众的脑海里，才能持久。后段为结论；它的目的，是要使听者明了全篇的意思，得到一个深深的印象，不易磨灭。结论的方法有二：一为概括，将前面所言者，用几句简单而又斩截的话总结起来；二是动情，用几句很动人情绪的辞句，作请求的方式，同时顾到前面所讲过的话。

评判之方法

上面所说的声音、姿势、结构，及思想，就是演说学的原素；而批评演说，也就用此四项为标准。至于此四项计分之方法，则是完全无一定的；有些评判员觉得四项须同样的注重，故各给二十五分；有些人或注重思想及结构，则各定三十分，而声音、姿势各得二十分，这是毫无定准的。现有些批评家以为这种办法似乎过于呆滞❶，对于演说技术上不应有这种态度，故此他们提倡以整个的印象为单位；这也是一种办法，并且一时尚很风行。

无预备之演说

演说学既包含四种原素，我们就可随时随地，把它们运用起来；训练成了自然之后，就是无预备的时候，人家叫着我，也可以马上跑上台去，长篇阔论的演起来。常时我们在庆祝会里，或是宴会之后，这种无预备之演说，是很常见的。但是我们应当牢记：无预备之演说，最易流于浮泛之弊，由这里讲到那里，更由那里讲到与题毫无关系的上面去；普通无良好训练之演说家，对于这弊尤宜注意。随便乱讲，不算是演说，不能给人家以深刻的

---

❶　"呆滞"，当为"呆滞"。——编者注

印象的。

目的之重要

演说既然要好好的预备，自然有一定目的；这个目的，就是演说家所希望听众接受的。演说而无目的，就如一个人走路时乱跑乱跳一般，于事毫无所补。譬如我们要讲中国危险的情形，我们的目的，是要听众大家兴奋起来，或捐钱救国，或投笔从戎；必定要能够使得他们取一种甚么举动，才算是达到我们演说的目的。若是人家听了之后，徒然口口声声说这个人真是有好口才真会讲，这个不算是真正演说家，因为他并无目的，不过图人家称赞几声罢了。好大喜功，称雄于 18 世纪的欧洲之法皇路易十四时常请很多有名的演说家向他演讲；当他听了曼西朗（Massillon）演说完毕之后，他对他说："我听了许多有名的人演说，总是茫无所觉；但是每逢听完了你的演说，总觉得自己有点不满意自己。"这就正是演说目的之试验。一定要有这样结果，才算是真正演说。

Chapter
第三章

03

上台须知

演说者在未上台之先及既上台之后，有许多地方，应当特别注意。他的一举一动，一言一笑，与他的思想及人格，都有关系。我们现在把上台时之态度、礼貌与服饰，先来研究；然后再看下台时应取何种姿势，方能得到较优的效果。

礼仪之重要

礼仪与演说是极有关系的。在平常的时候，我们看见人家不客气，心里尚且预先存一个不想与他交接的心思，而况且演说是要希望别人坐着静听，来接受你的思想呢？倘若是能够在未开口之先，就给人家一个欢喜敬爱之心，则演说者本身之地位，已有几分可靠了。但是有些人以为演说之好不好，不在乎礼节，所以他们对于这个并不十分注意；不过人类生性，而尤其是在今日这种世界，看人总是先估量其外貌，观察其礼仪，定了一个好恶之心，然后与他接谈，我想大家都是有过这种经验的。故此我们不能不认定礼仪与演说有很大关系的。

服饰与演说

礼仪与服饰，同是外表；礼仪既与演说有很大的关系，服饰当然也与演说有重要的关系。身上穿了奢华的衣服，人家看见，心上就起了一种阔少的观念；身上穿得过于随便，或是褴褛不堪，人家也就生了一种憎嫌的心思。世态炎凉，人情冷热，这是我们大家所公认的。演说者的服饰要是不适宜，听众的注意，就会由演说的思想上移到他的服饰上了。凡演说家，决不至于要人家把心思放到他的衣服上；惟其如此，则他对于他上台的衣服，又当如何注意呢？最合宜的服装，是求整齐清洁，庄严朴实，但同时也要轻便舒适才好。青年演说家，尤当穿具有精神的衣服；若长袍大袖，是不合宜的。

走上台去

礼仪之重要，前既说明，则演说者走上台去的时候，究竟要如何才算合式呢？当主席报告或是介绍完毕之后，演说者就要趁这个机会，与听众一个好好的印象；在这一点，惠南司教授的指导，是非常有价值的。他说："切记不要转一个大弯走到台上；也不要大踏步的走，然后像军事操练的式样作一个向左或向右转再立正的站在人家面前。如果是坐在台上，由主席介绍时，绝对的不要把头朝后。"至于登台时步武之快慢，也应适度；既不可匆

急以免被人讥笑，亦不宜故意缓行以免人家
不耐。但是举步时，步武要稳，现出自身的
庄严，方能使人起一番敬重的心思。若是昂
头阔步，或腰屈足轻，人家先就存了一个轻
视之心，于演说上是很吃亏的。

立在台上

要是台上有椅或桌，普通一班人，总是
欢喜去靠它立着的，在演说姿势上，这算是
一个危点。因为靠着东西站时，手和全身，
就决不至于随心之所欲而去表现自然的动作，
动作少，思想也不能自由的显露出来。故演
说者应当留心他站立的地位；就是台上有椅
或桌时，也不应当依赖它以掩护自己。人贵
具有独立精神，这虽然是一小点，但是也须
格外注意。另外一种普通弊病，就是说者之
两手，不知究竟还是放在口袋里面，或是放
在身子背后，或是随便的操着置于前面；这种样子似乎都不自然，使听众有不愉快之感觉。最好是放在两手固有的天然位置，就是让它垂下，随便的搁在腰之两傍。但是对于放在口袋里面或是身子背后或前面，也不是绝对不许的；不过是只能偶一为之，不能过久而已。盖两手在演说时，须随时举用，决不能放在一个固定的位置，而阻碍它帮助表现他的演说。我有一次看见一位穿西装的演说者，在演说时两手拿着他放在他的背心口袋里的表链，不自知觉的玩来玩去；我可以看见听众的视线，集在这根链子上；而他所希望听众所接受者，已经失去一大部份的效力了。再正在演说的时候，不宜吐痰；要是忍不住，可用手巾接住，不应吐在台上。

对听众应有的客气话

走上台去，开口就先呼"主席"；同时并向他鞠躬。然后再向听众称"诸位"或"诸君"。在学校里面举行竞赛或辩论时，演说者也可以对听众分别的说出来，称"诸位评判，诸位同学，诸位来宾"；要是台上除开主席之外另有他人坐在一起，也应当向他们招呼。但是这种招呼，说时均须把它看得实在是慎重其事的样子，宜清晰，更宜有劲，使听众觉得这是十分敬重他们的意思，则演说者已占了几分优胜的地位了。在正在演说的中间，如果要听众特别注意时，也可以插一句"诸位"；然不宜过多，多则失去效力。

如何下台

下台时也一样的应当向听众行礼。有许多人欢喜说一句"多谢诸位"，然后走开；但是这实在可以免掉，因为鞠躬已算是很客气的了。多此一句，或者听众对于演说者所讲的印象，反而减少一点，亦未可知。下台时之步武，仍须与上台时一样，不快不慢，显出人的分量。

主席之责任

当主席的应当明了自己的地位和本身的责任。切忌在介绍他人之先，自己说了一大篇希望他人如何说法的话；他人自有他人的说法，无须你先加劝导和批评。也不宜代人家加上许多的头衔，说得他如何天花乱坠的好；他所说的，或者不能满足听众的希望，反而塌你自己的台。更不应给人家开顽笑，说些有失人尊严的话；人家是来演说的，不是来与你胡闹的。总而言之，主席的责任，是在介绍演讲者与听众；只要他们两方会面，能够互相认识就够了。如在介绍之前，能先与演讲者商量应讲些甚么话，则比较上似乎稳妥一点。演讲者讲完之后，主席或仅说几句代表听众道谢的话，或即宣告散会；不宜继续地把演讲者的演辞重行温习或批评一次。我看有许多中国人当主席的，常常犯着此弊，费去听众许多可宝贵的光阴，来教训他们对于演讲者所讲的应取的态度。我们须知，听众自有听众的脑筋；他们到会是来听讲，不是来听主席教训的。所以主席对于演辞，绝对的不宜参加意见或批评。

礼仪是客观的

总括言之，上台、下台的礼貌，立在台上的客气话，以及服饰行路等的礼仪，都是应当作客观的。演说者对方是听众，他应当随机应变，看如何而后使他们觉得满意，并容易接受他所要讲的。演说家应于他人上台的时候，留心观察；好礼貌可以模仿，坏样子自宜去掉才是。

Chapter
第四章

04

范围听众之方法

第四章　范围听众之方法

演说时必要使听众聚精会神的听，方能得有效果；若是演说者上台讲不了几句，听众就随便的谈起话来，或是自由走动，则会场秩序不能保。即演说者自己的思潮，也恐因此被它扰乱了，那又何能给听众以印象呢？所以演说者须有范围听众的方法，使他们耳听目视，均在他的身上，自始至终，维持这个局面，则这篇演说，方能得到相当的效果。但是要如何才能范围听众，引起他们的注意，继续他们的兴趣呢？在我们研究范围听众方法之先，我们应当明了听众之性质，及听力之原则，然后才能对症下药，使他们自然而然的得入演说者掌握之中。

听众之分类

听众概可分为三类：第一类是愿意听的。这一类听众，在演说未登台之先，就预备洗耳静听，愿诚意的接受他的思想。这种演说，比较上是最容易而最能与听众以良好的印象，因为听众预先表示他们的诚恳的态度，无论这篇演辞好与不好，演说的动作动人不动人，他们总是甘心全愿来吞下一部份的。教室里面与布道堂中的听众，最可代表这一类。第二类是不愿意听的。这一类的人，大概是因演讲者平素的意见，已经表示出来过是与人家相左的，或者他的名誉不好有以致之。处于这种情形之下，演说员上台时必常常感觉一种秩序难保的痛苦；有时在他未开口之前，人家就会"哼"的起来，简直没有机会说到他们的耳朵里面去。在这个辰光，演说员要想驾驭群众，须得有特殊的妙计，或是

第四章　范围听众之方法 ‖

激动他们，或是用一个迅雷不及的手段来吸引他们的注意。在美国南北战争之际，北总统林肯曾遣派当时一个著名演说家名叫毕切（Beecher）的往英宣传；那时英人因为贸易上的关系，是很表同情于南方。在毕上台之时，听众就大声地喧嚣乱叫起来，几乎把他的声音压得不能听见；他走到台上，就提高他的声调，对他们说："你们英国人是讲公道的，是不是？"听众中间有一个人回答说："当然，我们英国人是素来讲公道的。"他说："你们既是讲公道，就要让我说两句才是。"于是有人说："让他说再看。"他于是才把听众渐渐地压下来，得到他们的注意。第三类是守中立，取一种"要听不听"的态度。对付这一类听众，演说者须有引人入胜的能力，把他们随便的态度于不知不觉之间改变到有兴趣的路途上去。换而言之，也就是要在演说的当中，设法使他们变成第一类的听众，情愿安心静坐的听下去。听众既有此三分类，演说家每逢上台之前，就应当先去考察他们究竟属于那一类，然后想出方法来，使得他们注意；否则他讲他的，听众充耳不闻，结果是毫无效力的；他又何有于演说。

听力之种类

听众的耳力，普通分作两种：有时吾人毫不经心的，人家所讲的自然而然的入耳；但是有时须勉强我们的志意，方能得到他人之言。前者是不愿意的，被动的，心理学家称之为原听力；后者是愿意的，自动的，或称次听力。如强大声音，突如其来，我们就是本来不要去听它，然而它也就会自然地震动我们的耳膜，这种当然是原听力；但是在夜间万籁俱寂的时候，忽闻细弱之声，我们要故意的留心地听它时，则所用的是次听力。次听力要聚精会神，用点脑筋的；演说者的目的，是要

第四章　范围听众之方法 ‖

听众由勉强而自然，由次听力改而为原听力，则其材料思想，势非津津有味不可。这种改变的听力，又称推演原听力。

怎样能使人爱听

我们既要把听众的次听力改变而为原听力，则所讲的必定要使他们爱听方可。要想引得他们的注意而愿意继续地听下去，第一个要素，就是要思想清楚，条理井然；紊乱无章的思想，决不会引起人家的兴趣。清楚而易于懂得的思想，须有事实例证，不得过于空谈，含有哲学的意味。其次思想新颖，亦足以使人注意；但是过于新而不能将它与已有之经验变化溶合起来，人家还是不爱听。能够把它与已往经验变化溶合起来，听众方能明了演说者所表现的意思。换句话说，就是把人生已往的经验作背景，而插入新奇的意思，或是用新的方法去解释旧的事实。以这个眼光来对付一个题目，人家没有不爱听的。

方法应当自然

我们要使人注意，当然有许多的方法；但是方法也有自然与不自然之分。不自然的方法，只能得到人家一时的注意而不能持久；自然的方法，可使人自始至终，精神贯注的听，心中决不会打野的。我们试先看看不自然的方法：演说者在演说的中间，忽然高声大叫，或用一种特别的姿势和动作，或者突然停顿绝不做声，诸如此类，一定均可使人注意。不过这都是因为感觉上的关系，一时发生效力的原故；等到感觉失其效用之后，人家又会想到别的事体上面去。美国诗家谷大学演说学班上，有一次一个学生奉了教授之命上台演说；当他站在同学面前的时候，他一言不发，却是把他的右手举起来，一伸一缩，好像操柔软操一般。他操来操去，足足有了一分钟的光景，大众已是笑不可仰，同时渐渐露出不耐烦的样子，以为他是发痴了；他呢，一方面继续他的手部工作，一方面口里说道："诸位，我现在是这样动，尚不过一分钟的时光，诸位已经觉得有点不耐烦起来；但是在我们国内，现在有整千整万的工人，日夜的这样动作，你想他们能够耐烦吗？他们也是人，是不是应当要像这样的被人家禽兽般待遇，像机械的样工作？诸位，在这种情形之下，我们应当替他们哭，不应当笑他们；我们须赶紧想个法子来解救他们才是……"像这位学生演说的方法，的确是可以使人注意，可以给人家以极深刻的印象；可是在大庭广众之中，庄严演讲之际，这个方法又似近于滑稽，颇不相宜。在教室之内偶一为之，尚能得到人家的留意，但亦不宜常用。

激动好奇心

讲到自然方法上，第一，我们可利用人们的好奇心，把它激动起来；那就是说，一桩事情的里面，包含有些神秘希奇的处所，我们不把它马上吐实出来，先隐隐约约的给听众以这个意思，使他们对于这种处所，必定要等候着显露出来。这个方法，是很有效力的，尤其是对于一班青年的听众，他们的性情，总是好奇务异的。但是用这个方法，也有一种危险：即所谓奇者，必定要是真奇，而与前后所讲的，实在相连贯的；演说者不宜把一桩毫无意识的事体，故意的玩弄人家，才算能保持演说的真正精神。再有一种危险，就是听众的听力，要是已经显出到了十二分希望得到奇的结果的地位上，演说者应当立刻的将结果报告出来，不宜有意的拖延下来，使他们失望。

悬崖勒马

第二，演说者可用"悬崖勒马"的方法，也是很能收好效果的。所谓"悬崖勒马"者，即将要宣布结果的时候，忽然讲到旁文上面，使听众很就心于结果是也。在许多的小说里面，我们常看见这种的笔墨；读者遇到这类文章，必然一口气的读下去，一直等到得了结果，方肯放手。譬如我们告诉人家，说在南京路上看见一个乡下人过街，将要被汽车冲倒时，忽然讲到别的身上去，说行人如何的站在路旁担心，黄包车及别的汽车如何的停顿起来，讲了这个之后，再回头说到结果上面，一个巡捕把乡下人顺手一拉，得救了他的性命，而免掉一场大祸。用这种方法，讲来是很能使人注意；不过发挥到旁文上面，也不宜过于冗长，过于冗长，人家就会生厌。像戏剧里面所用的这种方法，很为适当，是值得研究的。

奇峰突出

"奇峰突出"又是一种使人注意的方法。它的目的，是先给人家一个猜度，使人家希望到有结果时，把他们的情感发泄出来快快意；但是等到结果显露出来的时候，不觉又是别有天地，使人惊异不已。报纸上的新闻，常时现出这类的本领；读者觉得津津有味，不忍释手。侦探小说之所以引起人家的兴趣，也无非是利用这种方法，来挪拢人家的心理。

说笑话

再有一个引人注意的方法，就是说笑话。有些人诙谐百出，很能够迎合听众的心理；不过用笑话而引到正文上，演说者应当注意的有两点。第一，笑话不可过多；笑话过多，反使听众对于这篇演说的正文，存一个轻视之心。会演说者，只用几句笑话作缘起，引得人家注意后，随即转入正文，发挥他的意思；因为他的目的，不是在使人家笑，是在使人注意到他的正文上面也。第二，所说的笑话，应当与正文上总许发生点关系；仅仅有点外表的关系，还是不够，必须确实于思想上有连络才好。正式宴会上的演说，大都以笑话出之，这是最用得得当的地方。因为人吃饱了饭之后，来听正式演说，总觉格格不入，精神上似难应付；如以笑料出之，自然容易入耳，并可助长消化力。

当头一棒

"当头一棒"式的演说，虽是极能引人注意，然而用得不好的时候，结果必至激起听众的仇视。所谓"当头一棒"者，是走上台去，开口就说几句逆耳之言，为听众所不相信而又极端表示反对者也。但演说者讲完这个之后，必须有相当的手腕，来解释他的意思，或是一步一步的表现他的思想的改变，显明他对于听众并无欺哄的态度。这种演说，要是用得好，可以使得听众多用他们的脑筋，收效极大；若是用得不好，听众对于演说者，就完全失去信仰，有时甚或至于种下祸根。所以除非是富有经验的演说家，才敢用这个方法，初学者以不尝试为好。

总　结

综上所述，范围听众之方法，有种种的不同，然而目的无非是要使人注意。不过无论演说者所用的是那一种方法——激动好奇心，悬崖勒马，奇峰突出，说笑话和当头一棒——总得应当认清听众之性情，随机应变，迎合人家自然的心理，则所得方有效果。以人类之灵心，来对付环境，如若知机，绝对不是一件难事；所以演说者要运用他自己的心灵，设法征服他的对方——听众。

Chapter
第五章
05

姿势与动作

第五章　姿势与动作

在演说评判之标准，吾人已认定发音、姿态、思想与结构四项为要素；而在此四项之中，思想与结构两项，又只能心会神传，决不能呆板地练习起来。但是姿态与发音，均可从有些规定的方法上锻炼；所以我们对于演说学之研究，这两项实占很重要的地位。许多演说学家就只对于这两项深加工夫，也无非是以为这两项可用着科学式的眼光来考察它们，使它们变成听众注意的中心点；在第三章里面，我们已经知道上台时应当留心到一定的仪式上面去，方能得到听众的同情，也就是这个意思。但是上台除掉仪式之外，凡演说者之一举一动，一颦一笑，无在不使人对于他所讲的,有增减印象的关系。因姿势与动作,在吾人生命上,即往常谈话间,亦具有它的相当价值,何况是在大众场中的演说呢？在吾人平日谈话,到了起劲的时候,常时不自知觉的会手舞足蹈起来,这是表示我们思想的真切；在演说台上,我们也要同样的把动作显露出来,不过不像平日之随便乱用,比较上稍许有些限制罢了。

姿态与思想

凡人立在无论甚么地方,如果是觉得舒适快畅,他的思想自会慢慢的发生起来；反而言之,要是他的身体受了甚么阻碍,不能自由行动,或是曲背弯腰,使人感受不适,他的思想,自然也会减少了,此所以姿态与思想有密切之关系。但是姿态不是专指所站的地位而言,就是演说者的手足及全身之动作,也都包括在内；换而言之,演说者一举手,一动足，或向前或退后，与他所站的姿势，同样的都与他的思想发生关系。况人类生来是富有动作性的；演说者本人若是无动作，结果决不会引起听众的动作，印象又何从加深？

富于模拟性之听众

照心理学上的说法，人类因为富于动作性，于是他的模拟性也是很强；动作越多，模拟性越发容易表现出来。吾人从小至大，无论在何处，都是欢喜学人家的样子；尤其是当小孩子的时候，看见这样就要这样，看见那样又要那样，这正是表现他的模拟性的处所。就是成年之人，亦何尝不是一样的欢喜学样？古人说的："近朱者赤，近墨者黑"，无非本斯意旨。把一件很平常的事情打比：在运动场中看赛足球的时候，我们若是留心观察观众的态度，就可以看得见他们表现他们的模拟性。一个球要是将近要踢进门，观众的身

子必是对一个门的方向倾斜过去，好像要代
球员加用点力推进去一般；在观众一方面，他
们绝对的不觉得他们自己身子的倾斜。在跳
舞、奏乐或唱戏的时候，观众或听众对于这
样的模拟性，更是易于表现。演说者在演说
之际，须知道如何利用这种的模拟性，使得
听众入化，不约而同的随着演说者的一张嘴
指挥，则其技渐渐的臻入化境了。善于演说者，
常时把听众讲得目不转睛的望着他，口不闭
的朝着他，好似要将他一口吞进肚子里面去，
这个就显出听众模拟性之被利用了。

群众演说

对于群众演说，动作尤为必要；盖群众是
合各种各色的人组织而成的。他的头脑极复
杂，而思想却极简单；重感情而无理智，喜
动而不喜静，故此讲话不宜过多，而动作则
万不能不有。常时演说家对于群众演说所用

的动作，不在平常有规则的动作之范围之内，就是说无论何种手势，只要能够惹起他们的注意，解释得清晰动听，他都是用的。群众是盲从，既无训练，又无组织，故在他们的面前，动作实占演说中之一最重要份子；演说家想不用动作而单用嘴说服群众，是决定得不到好结果的。

动作须依时

在普通演说时间，演说者所用的动作，自然没有像对群众演说那样的滥；平常演说，他的态度要来得庄严，行止必须有度。他往台上一走，决不能马上就动手动足起来，须要等得讲到有劲的时候，他的动作才有相当的价值；讲到一个地方，就有一种合宜的动作出现，用得要恰当，不快不慢，每个字都能得到它的帮助，则其效力自大。若是当用动作时而不用，不当用时而用之，或是应剧烈时而不剧烈，不剧烈时反行剧烈起来，则听众对于演说者之态度，或者反而注意到他的可笑的动作上去，而不专心于他的演说正文，岂不是失掉用动作的原来目的吗？还有一层，动作若是用得依时，可以发展思想，盖人身筋骨，纯粹的受脑筋的指挥而动作，如果手的一屈一伸，身体一弯一直，都能合得脑筋的意思，脑筋自然会舒适起来，脑筋舒适，思想亦必因之而增矣！

演说者为甚么害怕

初学演说者站在台上，常时对于听众发生畏惧之心，于是乎就有种种的现象：或是手颤脚动，或是面红耳赤，有时甚至于吃吃的连话都说不出来；这是甚么原故呢？普通是因为神经过敏所致；盖演说者的心思，不注意于他自己的思想言辞而专留心到听众的身上去，同时他又想表示他是不害怕听众，遂至手不要动而它自然的会颤动起来，脚不要移而它自然的会乱抖起来，面部要想保持原来的颜色而自然的会红晕起来，喉咙想照常的润泽而它自然的会干燥起来；换而言之，害怕者是因为感情多而思想少，以至有此现象。若是要避免这种现象，演说者只须把他的心思放在演辞上，不要去管听众就是了。吾人须知，听众对于演说者，大半是表同情的；演说者要是不安，听众见之必定更不安，所以演说者只管放心讲去，无须乎把听众放在心上。时常演说的人，没有害怕听众的现象，也就是因为不把他们放心上的原故；初学演说者只要多上得几次台，这种毛病，自然的不会再行发现。

两足如何站法及移动

讲到姿态上面，我们首先就应当注意到两足的站法。人身的重量是分配于两脚上。据普通一班人的想法，两只脚所分的重量，是应当均匀的；不错，两足既生在身上，而又长得同是一样，位置也很相称，照道理也应当同时负责。不过平常站起来，总是把重量放在一只脚上，立了许久然后移换，分时休息，分时负责，比较上可使思想容易走入脑子里面来。要是站得规规矩矩，把两足合拢起来，人既不觉得自如，脑筋也会因此而受影响，故此演说时对于两足之站法，应当能使无碍于他心思的自由发展，而听众又不会代他揪心，或是觉得不大舒适。一般有名的演说家，都以为两足的位置宜一前一后，距离不远，作 45 度的角度，如上图的形式，是为最妥。因为这个形式，可使两足旋转自如，身体也不吃力，而移

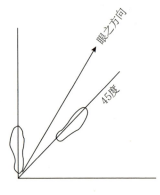

眼之方向

45度

动起来，无论前后左右，都容易帮助演说者表现他的思想。

躯干之位置

演说者不独对于两足须注意，即如何处置本身的躯干，也应当格外留心。一个驼背弯腰，缩头藏颈的演说者，一经走到台上，人家心上先就有几分不高兴了。这并不是人家无缘无故的嫌他，乃是他的态度，在未上台之先，已经显出他是一个无精神无骨格的人，他的言辞思想，大概也可揣想，总是同样的无精神、无骨格，这是在人家的脑海中一种不可免掉的印象。故此演说者躯干宜直，挺胸露颈，现出一种威武庄严的样子，则人家对他，也就自然而然的会存敬爱的观念了。讲到这个上面，演说者所着的衣服，不无发生关系；衣服大而且笨的，也不能给人家以好的观念。除非是合体而又不奢华，并须清洁整齐，人家方不至存讨嫌的心思。

用手的目的

演说者用手的目的，当然是要使听众对于他所讲的，更发清晰明白，就好像看见一个甚么影象在面前一样；要达到这个目的，演说者就须注意三点。第一，他的姿势，须要简单；简单的姿势，听众容易懂得，不至于再多费他们的心思去猜度演说者的用意。有些人欢喜多用奇怪手势，想藉此引起听众的注意，殊不知结果适得其反；所以不需要的手势，应当完全去掉不用。第二，姿势必须适宜；适宜的姿势，表示与所讲的恰恰相合。不适宜的姿势，用起来有时或惹人笑；譬如演说者用仰手的姿势来表示他不欢喜的意思，听众必然觉得这个人有点奇怪。再者适宜之姿势，演说者常用之以代表他一时所不能想到的字句；演说者常感觉形容字难找的困难，在那个时候，姿势用得适宜，是很得力的。第三，姿势须多变换。用手时断不能单独只用一个姿势；若是只用一个姿势，单调不必去讲它，就是对于听众的印象，恐怕也是所补无几。所以演说者应当随时变换他的手势，或用左手或用右手，或同时两手并用，或上或下，或弯或直，必须要听众不生厌烦之心，而得到一个更深刻的印象留在他们的脑海里。

手之所及

手之所及，亦视手臂伸曲高下之圈以为准。普通手臂之移动，可以分作两个平面形，一个直垂，一个横截；直垂表示高低，横截表示大小。但是手动之趋向，总是由身之中心朝外的发出去，而以横截的平面形，比较上用得最多。手臂朝上举时，能不超过头顶为最好；手臂朝外横截时，能不过 60 度之角度为最妙。

用手的四种姿势

用手来表示意思，可以分出四种姿势；各种有各种的特殊用途，不宜混乱，混乱则失去原来的效果，与听众以不良的印象。这四种即（1）仰手，（2）覆手，（3）食指伸出，及（4）握拳是也。我们试分别来看它们每种的用意。第一是仰手，就是把手心朝上；这种手势，或是表示一种嘉许赞美的意思，或是表示请人审查的意思，或是表示诚实而有价值的意思。譬如说："诸位看这个意思究竟对不对？""这是我们大家所应当公认的。"在说这种话的时候，除开用仰手的姿势之外；恐怕无论哪一种手势，都难表示一个相当的意思。第二是覆手，就是把手心向下；这种手势，或是表示不愿意、不高兴的意思，或是表示推开反对的意思。譬如说"这种不好的事情，我们是不欢喜听见的""赶他出去"一类的话，演说者须得要把手心朝下，才能觉得适当。第三是把食指伸出；用食指是想指出一个意思：或事，或物，或人；或者要请人家特别注意。如说："在讨论这一点的时候""这个地方，诸位须得注意"，用食指比较上是最妥当。在演说时，演说者的五个指头，除食指可以单独伸出外，其他如大拇指、中指、无名指及小指，绝对无单独的用法；用之则令人起一种诙谐的观念。第四为握拳；这种手势，是表示演说者强烈感情之冲动，或是非常赞成，或则极端反对。但是这个姿势，除非是到了真正剧烈的时候，不宜用它；用得越少就越有效力。中国人演说，最欢喜用这个手势，根本是错误的。

手势的三个状态

每一个手势，都具有三个状态，即预备、发出、收回是也。在一个意思正要表示出来的时候，手势就要预备起来；到了意思讲出，手势的发出，要恰恰落到一定的字句上，才见有劲，才能真正帮助嘴里不能讲出的意思。手势收回时当然要不至引起人家的注意才好；但是由一个手势改到另一个手势，收回与预备常时合而为一。

手是弯的

当手势伸出去的时候，在无论那种姿势，必须要使它弯曲才是；一根直线，常令人起一种不舒适的感想。人类的四肢，生来本是可弯可曲的；若是不顺着它们本能用去，结果不是现得笨，就是不自如。譬如说；"我用我的双手来接受你的礼物"，说时决没有把两个手臂直直的伸出，与肩膀相齐，而来表示他的意思的道理；若是要真正伸直，那就显出演说者含有贪婪的意思，岂不可笑吗？所以伸手时，总要使手指或手膀能够转弯之处任其弯曲些才好。

眼之用法

演说时眼是要望着听众的。若是望上望下，必定要有特别意思表现方可；否则为演说学所不许。用眼的两个原则，一要钉着[1]听众，对着他们的眼睛望去，二不要把眼睛溜来溜去，好似横扫一般。坐在前 20 行内的听众，普通可用眼睛钉住，看得清楚；坐得较远的，是不能钉着望的。望一个人的时候，也不宜过久，几秒钟就够；望了一回，就要换动望别一个，随时换动，使听众猝不及防，不知何时轮到他的身上。

面部的表情

面部的表情，必定要现得诚实无欺，才能感动听众。戏台上的演员，对于这种训练，

---

[1] "钉"，当为"盯"。——编者注

须得经过良师的指导和长时的试验，方敢上台；尤其是电影里面的演员，他们的表演，完全靠着面部的表情，故此成绩特优。初学演说者不妨把他们作榜样，或是对着镜子，自己看看自己的面孔，究竟能否达到表演的情绪，或者请人在旁观察，批评纠正，自易进步。

练习姿势须知

练习姿势的时候，演说者如能记得下面所列的方法，得益自多。

（1）演说者须具有庄严的态度。

（2）两手不用时，应随便的垂在身之两旁。

（3）练习时最好站在镜之面前。

（4）两膝应当伸直。

（5）两手互击成声，为听众所不乐闻。

（6）手势用得过多，效力当然减少。

（7）两手不宜插在腰上，亦不应放在口袋里面。

（8）用足尖站起来，含有诙谐的意味。

（9）姿势与动作，须视演说之题目与时机以为定。

（10）弯曲的手，能使听众舒适。

（11）两足应牢牢的站在地上。

（12）食指不可多用；听众不欢喜时刻受人训诫的。

（13）头部与身体，移动时须合作。

（14）胸部高挺，表现人有精神。

（15）胸腹过于高挺，容易使人说你有一种傲倨的态度。

（16）用两个手势时，须分别现出。

（17）两臂是表示大小、激烈、恳求的

态度。

（18）移换地位时，应正在演讲时，不应在停顿期间。

（19）站在台上时，切忌靠桌椅。

（20）不要在台上踱来踱去。

（21）眼望下使人家怀疑你不是害羞，就是忘记演辞。

（22）用势的时候，不是要头弯，是要身曲。

Chapter
第六章
06

声调之锻炼

第六章　声调之锻炼 ‖

　　声音在吾人生命上，实占一个最重要的位置；凡心有所思，发而为言，变成意思的表现，由他人接受之下，可以领略得言者的心境。声音用得得当，能够改变人的思想，激动人家的情感，甚至使人牺牲他的性命；声音的魔力，既有这样大，我们就应当把它好好的训练起来，不要发出来的时候，声不合意，惹起人家的误会。但是我们要人家听得声音而发生感触，我们须得要注意心理学上所说关于感觉上的三点：第一，每一种感觉，必定要与别一种感觉的确有分别；第二，一种感觉应当有持久使人辨别的性质；第三，一种感觉应有强力得以分别。我们发音时，要想得到如何效果，除非使人家听了，影响到一定的感觉上去，然后才能得到他的同情。

声音是机械

若是把文字与语言比起来，我们当觉得后者为尤要；因吾人在一身生命上看，说话的时候比看书的时候，的确要占多点。书可不看而话不可不讲，以是知声音对于人生之重要；但声音究竟还是吾人一种机械，我们要表现我们的意思，就用得着它，它是受脑筋之指挥而发。然而要表现我们正确的意思和情绪，非善于运用它不为功；就好似机器一般，若是使它常时走动，四处多擦点油，自然的得指挥如意，发生很大的效力。因为声音与机器相似，所以我们可以把它仔细的分析起来，看它内部的构造，然后一部份一部份的使它们放进去都能合度，擦些油，要它们好好的工作，这是锻炼声音的道理。

人生音调之变换

人生音调之变换是很有趣的。在一个小孩子初生的时候，他只知乱叫乱哭，不知道如何用言语来表示他的意思，这种声音，是非常富于情感。"小儿无伪"这是一句普通话，然而这句话正可以拿来表示他用他声音的原旨；因为他是富于情感，所以他一知说话，就有话必说，绝对的不藏奸，常时竟至一个人自言自语起来，非常有趣。及至他渐渐长大，经验增加，他慢慢的学得话当讲则讲，不当讲仍守缄默。差不多到成年的时候，他的声音渐渐的变了；这是显出他思想的发达，仿佛与情感的程度相等。到了年纪很大的时候，他话也不大爱说，这是因为他思想多而情感少，他的声音也就正是代表这一点。

音之分析

我们若是把声音仔细分析起来，普通可以得到四项要素，即音质、音调、音韵、音力是也。音质是由各个人身体骨格位置大小之差异，发音乃生出复杂之音波，音调乃声音高低之不同，音韵则由于发音之缓疾而成，音力即发音之强弱有以致之。这四项要素合起来就组织我们的发音；今试将此四项要素，分别详细研究如下。

（一）音　质

我们若是听见一个朋友讲话，不见面就可以知道是谁，这是何故呢？无非是因为他有他的音质的原故。音质是代表那人的声音；各人有各人的音质，于是各人有各人特异的声音。这个质之分别，是因为人身骨格位置大小之不同，将许多的音混合起来，发出后助音受其影响，遂至呈此差异之现象也。这种音与助音，正好像风琴上的音弦一样，看你把锤打在那处，就发生一种甚么声音；不过人是灵的，把嘴随便的动起来，不同之音，较易发出耳！

练习吐气法

唱戏的人唱一句长尾音的时候，要是无好练习，恐怕是难以继续；在我们平日谈话间，我们也常觉得有许多字不能一口气就说出来的困难。如遇这种情形，我们就得要知道如何练习吐气之法。气分呼吸，就是吐出与吸入，在呼吸之间，若能将气伸缩有度，则"上气难接下气"的弊病，自然可以免掉了。练习吐气，应在多新鲜空气的地方，把肺叶尽量张开，使它涨大；身体宜直，让胸膛挺出去；把气吸收进去时，可用两手轻敲胸部，使肺叶得受空气之润泽。常时练习，肺部自然会发达，声音也就会加强而无急促喘吁之病了。

练习长篇演说

声音是靠润泽的；善于润泽喉咙的人，无论唱歌谈话，都不见得吃力而且还能持久。不善于润泽喉咙的人，演说起来，不到一个钟头，不是觉得喉干舌枯，就会声嘶力竭，难以支持起来，除非是休息几个钟头之后，才能恢复原状。这是因为他缺乏练习，在演说的期间，拼命乱叫，漫无节制，以至影响声带，有此现象。所以演说者应当知道如何润泽他的声音，既不过度，又不乏力，经过长期练习，或是时常演说，他才能渐渐的疾徐中节，高低有度，就是讲上几个钟头，也还不觉得苦。善于演说的人，越讲到后来，越是起劲。这是他知道这个秘诀的原故。

第六章　声调之锻炼 ‖

标准音

吾国方言庞杂，语音有种种的不同，演说时间，常发生困难。现今普通一班人演说，用的是国语；所谓国语者，既非北京话，又不是各处的土白，只是一种比较上算为最普通的方言，大家觉得都能懂得是也。有了这种国语，演说者须知如何训练它的所谓标准音，无论是唇音、舌音、齿音、鼻音、喉管音，必须字字咬得准确，吐得清楚，方能怡然入耳，得到听众的注意。善于用标准音国语演讲的人，说得人家自然爱听，就是题目无味，单就他的口白，也足以动人；不过要是音不准确，则画虎变狗，就成为一种南腔北调，不独不能引人注意，反而招人笑话，演说者对此不可不特别注意。

助音之原则

音之最得力者，厥惟助音；助音是因为音

发出时身上各处的回应震动他音而成。助音的原则为：反应于柔软物体之上者为弱音，回响于粗硬物体之上者为强音。音在胸骨、鼻孔、牙齿之处，发出来可变为强有力的助音，因这几处都是硬的；若是放在喉管、上颚或舌叶等处，音虽有而亦不能强，这是因为他们柔软的原故。就这个原则，演说者对于他演说的场所，也可以应用起来：如果演说的场所四围都是高墙，则其回音必大，他演说时所用的声音，也不要如何特别的用力，听众自易听见；若是演说厅内挂着一些幕帐，他发出来声音，比较上就要来得大些，才能使听众听见。所以演说者应于演说之前，先行察视他的演说的处所，以免乱用他的声音；必要这样，才较稳妥。

单调之由来及其改良之方法

有些人说话，对于音调，无快无慢，无高

无低，他们若是讲许久的时候，听者必会生厌，不独不去听，有时甚至沉沉入睡，这个就是单调。单调发生的原故，是因为说者自己不用情感去想他所说的，脑筋中缺乏想象的能力；戏台上的演员，不把要所表演者放在心上，不觉得如真正身受一般，结果必不能得到观众的叫好，也就是这个道理。许多学校里面的教员教授，在上课时间，亦常蹈此弊，结果是上不了半个钟头，有些学生不是偷看别的有趣味的书籍，就是暂时把课堂当作卧室。这种单调我们究竟要如何才能免掉呢？这是纯靠演讲者本身上心境的改良，他自己必定要觉得有情感，有想象的能力，然后才能把精神振作起来，声音提高起来，然后才能得到听众的注意。

音质之分类

音质分类之方法不同：有时仅就其精神

而言，则有体、智、德三种的声音，但是这个仍不能描写它的原质。若是把它仔细分析起来，我们可以找得出以下的七种：（1）常音，这是吾人原来所有的本音，用它时显出我们的情绪与思想，均受我们的指挥，绝对的无身不自主的现象。（2）述音，发出来的时候，柔弱而脆嫩，普通表示敬爱快乐之意，女子最易表现此音；演说中用此音时很少。最适用者，莫如戏台上之表演。（3）气音，发出时气多而音少，表示恐惧、惊骇、不愿意人知等情绪；演说上用它时候也很少。（4）亮音，于演说上用得最为相宜；发出来的时候，可使音波震荡于空气之中，听者觉得非常悦耳，大有"余音绕梁三日不去"之意。生来有这种声音的人，却是很少。（5）胸音，表示痛苦和严敬一类的情绪，是由于胸膛及头部之助音而成。戏台上有时用此音，演说上简直是不用。（6）喉音，演说上也是不大用的；用时是表示人类原始的情绪，及非常震怒与卑劣的态度。（7）鼻音，亦仅适用于演剧；中国舞台上的黑头，最足以代表善用此音之人。正式演说，当然是不大用的。

（二）音　调

音调即声之高低。一句话要把里面的字调稍许的读得高低不同一点，可以使它的意思完全改变。臂如说："女人没有男人就无意味"；同时我们也可以读作"女人没有，男人就无意味"。又如"袁世凯行走说话，一小时以后，他就死了"。但是我们也可以读作"袁世凯行走说话一小时，以后他就死了"。就此两例观之，吾人很多的话，可用音调去完全改变他们原来的意思，则音调在演说学上之重要，可想而知矣！

情绪与音调

情绪与音调，是极有关系的。吾人之心是整个的，一有感触，全身必同时受其支配；声音既为吾人表现意思的一个最要工具，当然须随着它的指挥。情感很剧烈的时候，声音发出来一定是表示剧烈的态度，悲哀时有悲哀的声调，快乐时有快乐的态度；无论是那一种情绪，都有它的特殊的表示。但是演说者若无真正情绪而想假意的造作出来，普通总是能够听得出来的，因为他的声调颤动不宁的原故。

上滑音与下滑音

音调之高低，有上滑音与下滑音之分。所谓滑音者，由甲音而转入乙音之谓。上滑音乃用以表示字句未完，意思未结；演说中所用的音，一大部份是上滑音；常用上滑音的人，必定是有朝气，有精神。下滑音则不然；用它的意思，是表示字句将完，意思快要结束；用的时候，自然是很少的。下滑音用得太多令人感觉暮气沉沉，似乎快要落气了。心中多悲哀痛苦之人，说出话来，总是带着下滑音的声调。

音　阶

音阶者是发音高低之距离之谓。由甲音转到乙音的中间之变动，可以显得出说者情绪之强弱；有些字应当加重音去读，方得表示它的价值。用短促的音阶的人，不是身体孱弱，就是心绪不宁；用宽阔音阶的人，大概都是很有精神和魄力；不高不低的音阶，是表示寻常无特殊或剧烈情绪变化的意思。

音键之确定

音键是指演说时声音高低之程度。唱歌的

人必定要先将他自己声音之高低与乐器试合；
合得来才敢放声大唱，否则必不好听。演说
者对于音键亦然；他须先将他的情绪考虑过，
看那一种的情绪就用那一种的声调，高下抑
扬，适合其度，则听众之所接受者，也能取
相当的反应。初学演说的人，对此尤宜注意；
因音不当高而高，当高而不高，则有似乎乱
叫，如此情形之下，不独不能使思想自由发展，
即自己的声音，或因之而感受嘶哑的结果。

（三）音　韵

　　音韵是指音之快慢，专以时间为主体。
而于舌头之圆转，以及声带之伸缩，实为研
究者必要之点。有些人生来讲话就讲得快，
而有些人则反是；但是我们要去把舌头训练
起来，说话的速度，当然的也可以加以限制，
使它在表示感情剧烈的时候，有如疾风骤雨，

而于情绪和平的时候，又能显出从容不迫的态度。无音韵之人，是难使人动听的；谓单调者也就是因为说出来的话无快无慢，使人得不到意思的变动，不去想它，于是才有沉沉入梦的结果。更有些口吃的人，因为天生的关系，不能自主的来限制舌头的快，简直谈不到音韵上去，这也是很可怜的。

人身天赋之音韵

人类在最初发达的时候，即以动作为主体，而动作之中，又实含有节奏的意义；在原始时代的人，即知跳舞唱歌一类的快乐，进化至今日，音韵在语言之中，总算是占了一个极重要的位置。好像脚步的行法，声音也有一定的音步；吾人读起书来，有时摇头摆脚，有时以手击拍，这就是一种天赋音韵的表现。因为这一种天赋音韵的表现，人类的情绪，也就趁此容易泄露出来；因为人类要把这种情绪尽量的设法泄露出来，于是乎诗词歌赋，也就慢慢的越研究越精。人的情绪，有处发泄，自然精神上较舒畅了。

情感与智力

从音韵上观，它的性质是有节奏有规矩的；有时甚至于使人有单调的感触。因这种的现象，于是有情绪之发生；在吾人的经验上，诗词歌赋，实给我们以最好的机会，来发泄我们的情绪。但智力之发达，却是相反；如果我们要是有思想，我们决不能照着音韵的快慢做去。换一句话说，吾人思想时，是无节奏无规矩的。由此我们就可以得到一定的原则：演说时要是想激起人家的思想，有节奏有规矩的音韵，是不能用的；此所以演说者声音之快慢，必须随着他的思想而定。关于此层，演说者还有一点，亦须注意：就是讲得太快时，听众是得不了甚么机会去回想他的意思；讲得有制限的慢法时，他们能字字入耳，细嚼他所说的滋味。

个人声音之用法

各个人声音的快慢，用法亦各有不同；这不同的地方，可以三点分别之。第一，有许多字念出来的时候，它们的本身有一定快慢的限制。第二，演说者个人的意思，对于有些字，加特别的快慢，显出它们的轻重。第三，因为辞句的关系，不能不把有些字念在一起，于是也就影响到声音的快慢。

（四）音　力

音力的意思，是在说话者声音之轻重；说话轻时声音就小一点，重就大一点，因此所用的力量也就显有分别。在音乐里面，关于此有两点是可以使人特别注意的：一为音量之变迁,二则用手击键时之轻重。在说话的时候,第二点是靠着人的气造成的。

演说与音力

演说时究竟应当用怎样的音力才算得当?这个须看听众之多寡及演说厅之大小以为定。如果演说厅大而听众又多,则演说者势非加用音力不可,否则在后面的人,必然听不见他所讲的话。再有一层,演说厅内是否挂有帐幕?演说者亦须注意。如有帐幕,他的声音必须来得大点才好。但是声音大,也应当有一定的限制;过于大时,徒然乱叫,反伤了自己的喉咙,结果势必至声嘶力竭,甚或至于不能将全篇稿子演完,就要告退;缺乏经验的演说家,常蹈此弊。教室内的教授们,似乎又是与此相反;他们的声音,因为偏重思想,不大肯用力,其结果学生们自然的不甚注意他所讲的了。

第六章　声调之锻炼 ‖

练习音力之方法

音力用得得当，演说者自然不至觉倦；长篇演说之所以能动人听，也就是这个道理。有些人天赋一副响亮的喉咙，如果是用得得法，可以得到很好的效果。声音贵清亮而不宜于粗躁；立于旷野之地，呼吸新鲜空气，增进肺部作用，若日以为常，可使声音洪亮；如能善于运用，则自然的能增加它的力量。

Chapter
第七章

07

结　论

第七章 结 论 ‖

　　综上所述，在演说学上，姿势与声调两项，总算是有一定的原则及方法，与学者以研究的标准；而关于如何能够得到听众的注意，也可设法达到演说者的目的。惟有思想及结构两端，则纯靠演说者之心灵以为定，故此只能以概括式讨论之；第二章内所言关于此两端的，正是表示这个意思。不过我们对于演说的题目，及与此有关之数事，也是演说者亟应知道的；在此结论章内，我们把它提出来讨论一讨论，当然可以得到许多的帮助。

演说与题目

　　一个新颖有趣的题目，由演说者上台后慎

重的从口中说出来，可以把听众的听力，立时聚集起来。但是一个题目，要能拟得明白概括而又能使人特别注意，也不是一件容易的事情；必须要加以考虑，将自己放在人家的地位，回头的想一想，看是否能使人起强有力的反感，方能见到题目的真正吸引力。题目之拟定，有种种的方式：对于复杂之群众，总要含有激刺或煽动的语句，方得动听；对于普通一班听众，有时或出以益智方式，有时或用滑稽口吻，都能引起人家的兴趣。不过深奥而费解的题目，是不容易得到听众的注意；如遇存心听讲者，尚属无妨，若是脑筋简单的听众，决不会愿意去作长时间的思索。演说者在开始演说的时候，应明白地慎重地将题目宣布出来；在结尾时，如果能够覆一句，使首尾相呼应，则听众所得的印象，必更加深一层。

第七章 结 论

听讲与研究演说之关系

时常听讲，是研究演说的一个最好方法；演说者可借他人之榜样以补己之不足，凡思想、语言、动作、结构种种之好与不好，均可于听讲之中分别得出来。演说家自然各有各的方法，各有各的好处，研究演说者若以第三者的眼光，来观察听众与演说者，当能得益不少。有许多人上台时欢喜用复腔，这是最坏的习惯；所谓复腔者，即口头语之谓，如"这个""那么""所以"……杂在每句话的中间，不独令人讨厌，而且有时与人以笑柄。演说者须知尊重听众的宝贵光阴，更宜知利用自己站在台上的宝贵光阴。

谈话式与辩论式之演说

有一种演说，是出于谈话式的；演说者若以谈话的精神，来应用于演说上，则言者不费神，而听者亦不觉倦。盖谈话之间，态度亲密，声调和缓，动作自然，这种的精神，极易引人入胜；演说时若能如此，其结果自然是好的。再有一种叫做辩论式的演说；是提出许多证据理由，来推翻他人已有的论说；或者听众对于一件事体已有成见，演说者设法来说服他们，像美国毕切氏往英宣传之演说然。由辩论式的演说再进一步，就是辩论；辩论时当然也须用演说上的一些原则，虽然辩论术另有高深的研究。

演说家应有的目标

今日之中国，正是演说家尽力的时候，因为处兹社会不安之际，个个人都感觉一种良好指导的需要。现在的中国人，大多数是不识字，不能读书，然而他们的耳朵，是可以听的；吾人如果想要引这大多数的中国人，入于正轨，非先说服他们不可。所以演说家须认定他的目标，把责任放在自己的肩膀上，改良社会，促进文化，纠正政治的不良，奋争外交之失败，唤醒国民于睡梦之中，使人人都有国家的思想，必如是方能显出他的精神，必如是方能实现演说的用途。

编后记

余楠秋（1897~1966），湖南长沙人。外国文学专家、翻译家。曾执教于暨南大学、复旦大学等多所大学，20世纪30年代曾在复旦大学文学系和历史系主任，并长期任复旦大学外文系教授。著有《美国革命史》等著译作20余种，在历史方面也颇有建树。

《演说学ABC》一书，将西方的演讲艺术介绍给民国时期的中国读者，其主要内容涵盖"演说的定义""演说评判之标准""上台须知""范围听众之方法""姿势与动作""声调之锻炼"等，可以说是一本关于演讲技巧和演讲艺术的一部基础入门读物，不仅有益于民国时期的读者学习，也对今天的读者具有启发和指导意义。

本社此次印行，以上海世界书局1929年版为底本。在整理过程中，首先，将底本的繁体竖排版式转换为简体横排版式，并对原书的体例和层次稍作调整，以适合今人阅读。其次，在语言文字方面，基本尊重底本原貌等。与今天的现代汉语相比较，这些词汇有的是词中两个字前后颠倒，有的是个别用字与当今有异，无论是何种情况，它们总体上都属于民国时期文言向现代白话过渡过程中的一种语言现象，为民国图书整体特点之一。对于此类问题，均以尊重原稿、保持原貌、不予修改的原则进行处理。再次，在标点符号方面，民国时期的标点符号的用法与今天现代汉语标点符号规则有一定的差异，并且这种差异在一定程度上不适宜今天的读者阅读，因此在标点符号方面，以尊重原稿为主，并依据现代汉语语法规则进行适度的修改，特别是对于顿号和书名号的使用，均加以注意，稍作修改和调整，以便于读者阅读和理解。最后，对于原书在内容和知识性上存在的一些错误，此次整理者均以"编者注"的形式进行了修正或解释，最大限度地消除读者的困惑。

文　茜

2016 年 11 月